BEI GRIN MACHT SICH IHR WISSEN BEZAHLT

- Wir veröffentlichen Ihre Hausarbeit,
  Bachelor- und Masterarbeit

- Ihr eigenes eBook und Buch -
  weltweit in allen wichtigen Shops

- Verdienen Sie an jedem Verkauf

Jetzt bei www.GRIN.com hochladen und kostenlos publizieren

Sabine Neureiter

Überlegungen zum sakralen Tanz im Alten Ägypten

GRIN Verlag

Bibliografische Information der Deutschen Nationalbibliothek:

Die Deutsche Bibliothek verzeichnet diese Publikation in der Deutschen National-
bibliografie; detaillierte bibliografische Daten sind im Internet über http://dnb.d-
nb.de/ abrufbar.

Impressum:

Copyright © 2006 GRIN Verlag GmbH
Druck und Bindung: Books on Demand GmbH, Norderstedt Germany
ISBN: 978-3-656-50571-6

Dieses Buch bei GRIN:

http://www.grin.com/de/e-book/262204/ueberlegungen-zum-sakralen-tanz-im-
alten-aegypten

GRIN - Your knowledge has value

Der GRIN Verlag publiziert seit 1998 wissenschaftliche Arbeiten von Studenten, Hochschullehrern und anderen Akademikern als eBook und gedrucktes Buch. Die Verlagswebsite www.grin.com ist die ideale Plattform zur Veröffentlichung von Hausarbeiten, Abschlussarbeiten, wissenschaftlichen Aufsätzen, Dissertationen und Fachbüchern.

Besuchen Sie uns im Internet:

http://www.grin.com/

http://www.facebook.com/grincom

http://www.twitter.com/grin_com

Überlegungen zum sakralen Tanz im Alten Ägypten

Erstmals publiziert in:
Kemet - Die Zeitschrift für Ägyptenfreunde,
Tanz, Sport und Spiel, Bd. 4, 2006, Kemet Verlag, Berlin, 32ff
Erweiterte Fassung.
(www.kemet.de)

von

Sabine Neureiter, M.A.

Vorwort

Bei meinen Kemet-Artikeln handelt es sich um Texte, in denen ich versuche auf wenigen Seiten viele Informationen zu liefern. Der inhaltliche Rahmen ergibt sich aus dem Titel-Thema der jeweiligen Kemet-Ausgabe. Alle Artikel in den Kemet-Magazinen sind bebildert; die Fotos ergänzen die Texte.

Mir war bei jedem einzelnen Artikel wichtig, nicht lediglich schon bekannte und überall nachzulesende Informationen zusammenzustellen und nachzuerzählen. Ich betrachte alle Themen aus einer über den Tellerrand der Ägyptologie hinausgehenden Perspektive und stelle oftmals Thesen in den Raum, die eine Diskussion anstoßen sollen. Es handelt sich dabei aber immer um begründete und nicht aus der Luft gegriffenen Überlegungen.

Für viele meiner Artikel bilden ethnologische, soziologische oder religionswissenschaftliche Ansätze den Rahmen, um alternative Sichtweisen zu ermöglichen. Dabei gehe ich durchaus – aus ägyptologischer Sicht – etwas provokativ an ein Thema heran. Aber immer nur mit dem Ziel, neue oder unbekanntere Aspekte darzustellen.

Um altbekannter Kritik von vornherein entgegenzutreten: Grundsätzlich ist ein über räumliche und zeitliche Grenzen hinwegreichender Kulturvergleich ebenso statthaft wie ein sich ausschließlich an die Originalquellen haltender Versuch, Erkenntnisse über die altägyptische Kultur zu gewinnen. Das Argument, es handle sich bei dem einen um eine anachronistische und bei dem anderen um die einzig akzeptable Vorgehensweise, greift nicht. Denn schließlich findet auch das sprachwissenschaftlich fundierte Interpretieren einer altägyptischen Originalquelle alles andere als zeitnah zu ihrer Entstehung statt. Und eine Quelle aus der ägyptischen Spätzeit ist immerhin auch schon zweitausend Jahre jünger als etwa eine aus der Pyramidenzeit, so dass die Interpretationsergebnisse der jüngeren Quelle als anachronistisch bewertet und zum Verständnis der älteren nicht herangezogen werden dürften, wollte man dieser Argumentation folgen.

Nicht nur der Kulturvergleich, sondern gerade auch der interdisziplinäre Ansatz erweitert unseren Verstehenshorizont. Dann finden sich Antworten auf Fragen, die sich aus ägyptologischer Sicht nie stellen würden und werfen Licht auf unbeachtete oder unbekannte kulturelle Phänomene. Auch scheinbar wissenschaftlich längst bearbeitete Bereiche müssen immer wieder auf den Prüfstand; allein, weil jedem Wissenschaftler und jeder Wissenschaftlerin eine subjektive Sichtweise zueigen ist und jeder Versuch, Subjektivität aus der Arbeit auszuschließen und reine Objektivität walten zu lassen, niemals gelingen kann.

Letztendlich kann es immer nur darum gehen, ein weiteres kleines Fenster zum Verständnis der altägyptischen Kultur aufzustoßen.

Überlegungen zum sakralen Tanz im Alten Ägypten

„Um also die Sache von vorn anzufangen, so scheinst du mir gar nichts davon zu wissen, daß die Tanzkunst nicht etwa eine neuere Erfindung, eine Sache von gestern oder vorgestern ist, die zu unserer Großväter oder Urahnherren Zeiten ihren Anfang genommen hätte: sondern diejenigen, die ihre Genealogie am richtigsten angeben, behaupten, daß sie mit dem ganzen Weltall eynerley Ursprung habe, und mit jenem uralten Amor zugleich zum Vorschein gekommen sey. Denn was ist jener Reigen der Gestirne, und jene regelmäßige Verflechtung der Planeten mit den Fixsternen, und die gemeinschaftliche Mensur und die schöne Harmonie ihrer Bewegungen anders als Proben jenes uranfänglichen Tanzes? Man kann also mit Recht sagen, die Tanzkunst sey so alt wie die Welt".[1]

Einführung

Auch auf die Gefahr hin, für „esoterisch" gehalten zu werden, möchte ich im Folgenden versuchen darzustellen, was sakraler Tanz im Alten Ägypten bedeutet haben könnte.

Die grundlegende Arbeit zum Thema altägyptischer Tanz, auf die auch ich für meine Überlegungen immer wieder zurückgreifen werde, schrieb Emma Brunner-Traut im Jahre 1937. Sie trägt leider allzu deutlich die Handschrift ihrer Entstehungszeit. Die Untersuchung erschien in einer zweiten, unveränderten Auflage 1958 mit dem Titel „Der Tanz im Alten Ägypten nach bildlichen und inschriftlichen Zeugnissen". Sie richtet ihre Untersuchung nach einer sehr weit gefassten Definition des Begriffs Tanz aus und unterscheidet z.B. grundsätzlich nicht zwischen sakralen und profanen Tänzen: „Unter Tanz sei die rhythmische Körperbewegung verstanden, die dem kultischen oder künstlerischen Ausdrucksbedürfnis entspringt, einerlei, ob als selbstverständliche, spontane Lebensäußerung oder als zweckgebundene, berufsmäßige Handlung".[2]

Emma Brunner-Traut geht bei ihrer Betrachtung des altägyptischen Tanzes chronologisch vor. Dabei stellt sie eine Entwicklung fest, die ihrer Meinung nach von einem eher strengen Stil im Alten Reich über einen eher akrobatischen Stil im Mittleren Reich hin zu einem eher freien Stil im Neuen Reich führt. Die Tänze der Frühzeit hält sie für magisch, die der Spätzeit für Nachahmungen und Rückgriffe auf das klassische Zeitalter. Damit geht Brunner-Trauts Untersuchung mit den in den ersten Jahrzehnten des 20. Jahrhunderts noch zeitgemäßen evolutionistischen Kulturtheorien konform.[3]

---

[1] Lucian von Samosata, Dialog von der Tanzkunst, aus dem Griechischen übersetzt von Christ. Martin Wieland, 1789, in: Max von Boehn, Der Tanz, 1925, 137

[2] Brunner-Traut, Tanz, 9f

[3] Wichtige Vertreter des Evolutionismus waren Johann Bachofen, Lewis Henry Morgan, Edward Burnett Tylor, James Frazer oder auch Herbert Spencer.

Was ist sakraler Tanz?

Mit „sakralem Tanz" ist nicht ein bestimmter Tanzstil gemeint. Der Begriff bezeichnet vielmehr eine Verortung des Tanzes. Er meint das Tanzen in einem religiösen oder kultischen Rahmen. Im Gegensatz dazu sind die weltlichen Tänze zu sehen, die lediglich der Unterhaltung dienen sollen. Der sakrale Tanz ist Kulthandlung, im „Gottesdienst" wie beim Totenkult.

Ein Blick auf andere Gesellschaften, die noch traditionelle Lebensweisen pflegen, lässt die Frage aufkommen, in wie weit es doch möglich wäre, den altägyptischen sakralen Tanz etwas besser verstehen zu können. Als Beispiel dafür, wie ein sakraler Tanz im Alten Ägypten z.B. während eines Götterfestes ausgesehen haben könnte, soll die Beschreibung der noch heute in Tibet durchgeführten Cham-Mysterien dienen, die ihren Ursprung in den rituellen Tänzen der Bön-Schamanen haben: „Schon Wochen vor dem Anbruch der Festlichkeiten werden die Tänzer entsprechend ihrer Charakterstruktur und dem Stand ihres rituellen und magischen Wissens ausgewählt und feierlich ermächtigt, jene transzendenten Wesen und Gottheiten zu verkörpern, deren Masken sie tragen und denen sie lediglich ihren Körper leihen, damit diese sich auf der menschlichen Ebene manifestieren können. Tagelanges Fasten, intensive Meditation und die genaue Visualisierung der betreffenden Gottheit sind unabdingbare Voraussetzung. Die vielschichtigen Vorbereitungen der Tänzer und die dafür erforderlichen Rituale geschehen im Verborgenen und sind selbst für die Tibeter mit dem Schleier eines Geheimnisses umgeben. Denn die Cham-Mysterien waren nicht bloß theatralische Vorführungen für eine schaulustige Menge, sondern sie bedeuten den Einbruch einer höheren Wirklichkeit, in der durch magische Riten die transzendenten Wesenheiten der göttlichen Sphäre beschworen werden, sich in den Trägern ihrer Masken und Symbole zu offenbaren. So wie der Kuten oder Orakel-Lama Körper und Bewusstsein seiner Gottheit zur Verfügung stellt, um als dessen Stütze und Sprachrohr zu dienen, so wird der Körper des Tänzers zur irdischen Manifestation der betreffenden Gottheit".[4]

Auch im Alten Ägypten waren sakrale Tänze Kulthandlungen, die innerhalb eines besonderen zeitlichen, räumlichen und mentalen Umfelds durchgeführt wurden – z.B. während der Osirismysterien, bei der großen Festprozession des Min oder auch im täglichen Tempelkult. Die Tanzenden agierten unmittelbar als Götter und deuteten dabei auf mythische Geschehen hin, worauf auch Lucian (ca. 120-180 n. Chr.) hinweist: „Die mysteriösen Theile der Aegyptischen Mythologie muß unser Tänzer zwar wissen, er wird aber so vorsichtig seyn, sie vielmehr auf eine symbolische als deutlich darstellende Art zu behandeln. Dahin gehört z.B. Epaphus und Osiris, und die Verwandlung der Götter in Thiere, und vornehmlich ihre Liebeshändel, und in was für Gestalten sich Jupiter ihretwegen verkleidete".[5]

---

[4] Gerhardt W. Schuster Das Alte Tibet. Geheimnisse und Mysterien, 2002, 137f

[5] Lucian von Samosata, Dialog von der Tanzkunst, in: Max von Boehn, Der Tanz, 1925, 153

Sakralisierung des Tanzes durch „Ich-Aufgabe"

Die Tanztherapeutin Kaye Hoffman beschreibt meiner Meinung nach sehr nachvollziehbar die Sakralisierung des Tanzes als eine religiöse Rückbindung an eine höhere Macht, an die Natur oder an die Schöpfung. Dies geschehe durch die „Ich-Aufgabe" der Tänzerin und des Tänzers. Das erhoffte Ziel dieser Selbsttranszendenz sei die Vereinigung mit (einem) Gott, das Einswerden mit dem Universum. Sakral stehe für „Ich-Aufgabe", das Gegenteil davon ist profan und bedeute „Ich-Steuerung".[6]

Mit anderen Worten beschreibt auch die Afrikanistin Clémentine Faïk-Nzuji die Sakralisierung des Tanzes: „In seinem Streben nach Fülle ist der religiöse Mensch darauf bedacht, die Elemente seines Körpers mit denen des Universums in Einklang zu bringen, dessen Bewegungen mitzuvollziehen, dessen Rhythmus und Schwingungen nachzuahmen. Nur Gott weiß, welcher von beiden, die Natur oder der Mensch, sich öffnet, um sich dem anderen anzubieten".[7] Gerard van der Leeuw meint ganz ähnlich: „Die Hingabe seiner selbst an eine stärkere Macht, das Einschalten der eigenen Bewegung in die Bewegung des Ganzen, das eben macht den Tanz religiös und läßt ihn zu einem Dienen Gottes werden. Wer in der Weise der Primitiven oder der religiösen Ekstatiker tanzt, ja sogar, wer sich in unserer modernen Kultur einem gegebenen Rhythmus in Aufzug oder Prozession unterwirft, begreift, entweder deutlich oder vage, daß seine Bewegung ein Abbild ist von der ursprünglichen Bewegung, daß der Rhythmus seines Tanzes ist wie das ferne Wassergekräusel, das vom Wellenschlag im Herzen der Welt herrührt".[8] Und im Sinne einer solchen „Ich-Aufgabe" ist auch Lucians Beschreibung des Tänzers Proteus zu verstehen: „Mir däucht nehmlich die alte Fabel von Proteus, der ein Aegyptier gewesen seyn soll, bedeute weder mehr noch weniger als einen sehr geschickten Tänzer, der eine ganz besondere Gabe für die Pantomimik hatte, und sich gleichsam in alles verwandeln und durch Bewegungen und Gebehrdenspiel die Flüssigkeit des Wassers, das Auflodern des Feuers, den Grimm des Löwen, die Wuth des Panthers und das Säuseln eines Baumes kurz alles was er wollte, nachahmen konnte. Die Fabel, um die Sache desto wunderbarer zu machen, schrieb das, was Kunst bey ihm war, seiner Natur zu, gleich als ob er das alles wirklich worden sey, was er durch Nachahmung darstellte".[9]

Selbst Jan Assmann, der meint, dass Rausch und Ekstase innerhalb der altägyptischen Kultur weitgehend abwesend waren, glaubt, dass zumindest beim Tanz im Hathorkult eine Ausnahme festzustellen sei.[10] Die Untersuchung von Emma Brunner-Traut aber zeigt klar, dass diese „Ich-Aufgabe", die mit einer, wie sie schreibt „Verzückung" einherging, grundsätzlich jedem Tanz des Götterkultes zu Eigen war.[11]

---

[6] Kaye Hoffman, Tanz, Trance, Transformation, 1986, 29ff

[7] Clémentine Faïk-Nzuji, Afrika. Mensch, Natur und Kunst, 2003, 45

[8] Gerard van der Leeuw, Vom Heiligen in der Kunst, 1957, 78

[9] von Boehn, Tanz, 141f

[10] Jan Assmann, Ägypten. Theologic und Frömmigkeit einer frühen Hochkultur, 1984, 185

[11] S. Brunner-Traut, Tanz, 3, 52, 81

Die Tänze im Alten Ägypten

Die traditionelle Gestaltungsart von Tänzen geschieht durch Rituale. Und diese werden als zumeist mündlich tradiertes Wissen von Generation zu Generation weitergegeben, so dass diese Tänze nahezu unverändert bleiben. Eine Abbildung, auch wenn sie noch so detailliert ausgearbeitet wurde, sagt wenig bis nichts über die Intensität des dargestellten Tanzes aus, den Rhythmus, die Emotionen oder die zwingende Magie, die ihm zu Grunde liegt.

Die meisten der überlieferten altägyptischen Tänze hatten eher sakralen als profanen Charakter und waren in verschiedener Form mit der götterweltlichen und jenseitigen Sphäre verbunden. Nicht nur die ikonographisch überlieferten, sondern auch die in der Literatur erwähnten Tänze - z.b. die der *mww*, die in der Lebensgeschichte des Sinuhe (B195) erwähnt werden - sind eindeutig im Zusammenhang mit dem Götter- oder Totenkult zu sehen.

Überliefert sind nach Emma Brunner-Traut aus dem Alten Reich der „strenge *jb3*-Tanz", der „reigenartige Paartanz", der „Hathorsprungtanz", der „akrobatisch-ekstatische Tanz", der „reigenartig akrobatische Tanz" und der „lebhafte, regellose Gruppentanz". Im Mittleren Reich gab es u.a. zusätzlich den „dramatischen Hathortanz" und den „*Muu*-Tanz"; im Neuen Reich den „akrobatischen *hbj*-Tanz", den ‚archaisierenden strengen Tanz" und den „Fremdvölkertanz". Einige dieser sakralen Tänze gab es in verschiedenen Kombinationen, wobei die meisten ausschließlich von Frauen dargeboten wurden und nur wenige von Männern. Paartänze, bei denen Männer gemeinsam mit Frauen tanzten, gab es nicht.

Sakrale Tänze aus der Frühzeit und dem Alten Reich

Die frühzeitlichen Tänze bezeichnet Emma Brunner-Traut als selbstverständliche Lebensfunktionen, die auf dieser primitiven kulturellen Stufe eng mit anderen Regungen des Seins verbunden wären.[12] Auf dieser Kulturstufe wären die Tänze noch nutzbringend und damit lebensnotwendig gewesen. Sie denkt dabei an Jagdtänze, Kriegstänze und Begräbnistänze. Durch erstere wäre Beute, bei Kriegstänzen Siege und bei Totentänzen für den Verstorbenen der leichtere Übergang ins Jenseits ertanzt worden.

Anders der „plötzlich seit der 4. Dynastie vor uns tretende Tanz", der von hoher Kultur durchdrungen und formvollendet wäre und sich völlig in den Kanon der späteren Alten Reichs-Tänze fügte. Sie meint damit den „strengen *jb3*-Tanz", den sie als würdevoll, mit gelassener und wohltuender Ruhe dargeboten, als schlicht, innerlich im Ausdruck und als „poetische Verwirklichung der Idee des Tanzes an sich" beschreibt.

Allerdings, und schon hier kommt es zu Unstimmigkeiten was diese „Kulturstufen-Theorie" angeht, gab es daneben wohl immer auch Tänze, die Brunner-Traut als expressiv, akrobatisch und exzentrisch übersteigert beschreibt und die ihrer Meinung nach „zu jenen ekstatischen Tänzen gehören, die zum ‚Sinnbild der mystischen Gottesvereinigung werden können'".

---

[12] Brunner-Traut, Tanz, 13

Den Übergang von den „strengen" Tänzen des Alten Reiches hin zu den „akrobatischen" Tänzen des Mittleren Reiches erkennt sie in den Abbildungen der Gräber der 6. Dynastie. Sie schreibt von einer Entwicklung, „die von der durchsichtig klar komponierten, straff und voll Kraft gebildeten, stark dekorativ und bildmäßig wirkenden Darstellung, bei der auf formale Geschlossenheit und Linienschönheit wohl geachtet ist, hinführt zu einer ins Unmögliche überspitzten, rein auf den äußeren Effekt berechneten aber innerlich leeren, erzählenden Niederschrift".[13]

Sakrale Tänze aus dem Mittleren und Neuen Reich

Die Tänze des Mittleren Reiches beschreibt Emma Brunner-Traut als amusisch: „Ein rhythmisch betonter, unmelodischer und unlyrischer Charakter ist dem MR-Tanz eigen. Er wird zugunsten sportlicher, besonders akrobatischer Übungen bedeutend eingeschränkt".[14] Entsprechend schreibt sie über den Hathortanz: „Springen, Schnippen, Klatschen bestimmen sein dürres, hartes Wesen".[15]

Der „akrobatische *hbj*-Tanz" des Neuen Reiches war ein sakraler Tanz, dessen Ursprünge im Alten Reich lagen, der aber in seiner jüngeren Variante den Überschlag beinhaltete. Dieser Überschlag wurde meistens, so Brunner-Traut, in seiner Endphase abgebildet und wird darum heute oftmals als „eine Brücke schlagen" fehlgedeutet. „Die Ausführenden", so Brunner-Traut, „gehören zum Tempelpersonal der betreffenden Götter, zum Harim des Tempels. Der Ursprung dieses *hbj*-Tanzes als einer Kultübung, die die wirbelnden Mädchen in einen rasenden Taumel, in den Zustand religiöser Verzückung versetzt, ist deutlich".[16]

Abbildungen des von Brunner-Traut so genannten Fremdvölkertanzes des Neuen Reiches zeigen entweder tanzende Afrikaner oder tanzende Libyer. Sie schreibt: „Alle von Männern ausgeführt, haben sie einen barbarisch-wilden, improvisatorischen und spontanen Charakter. Nicht nur wirken diese exotischen Tänze, an den ägyptischen gemessen, improvisatorisch und spontan, sondern sie sind es, sind wie die Tänze aller Primitiven unmittelbar in rhythmische Körperbewegungen umgesetzte Gefühlserregungen, gesund und kräftig, frei von jeder Abstraktion".[17]

Tanzende Zwerge und tanzende Affen

Seit dem Alten Reich tauchen unter den Tanzenden auch Zwerginnen und Zwerge auf. Weil die dargestellten Zwerge auf Emma Brunner-Traut einen „grotesken" und „linkischen" Eindruck machen, hält sie es offensichtlich für nahe liegend, diese mit Affen zu vergleichen, die ebenfalls immer wieder abgebildet wurden. Entsprechend interpretiert sie die Anwesenheit

---

[13] Brunner-Traut, Tanz, 23

[14] Brunner-Traut, Tanz, 37

[15] Brunner-Traut, Tanz, 41

[16] Brunner-Traut, Tanz, 52

[17] Brunner-Traut, Tanz, 72

von tanzenden Zwergen ebenso wie die von Affen als ein „humorvoller Effekt des freibewegten Tanzes".[18] Brunner-Traut ist der Meinung, dass „Zwerge und Affen wegen ihrer verwandten Gestalt in gleicher Art Verwendung fanden". Allerdings bemerkt sie, dass „die Zwerge nicht nur ihre Spaßmacher- und Tanzkünste trieben, sondern auch ernsten Berufen nachgingen, als Schmuckarbeiter tätig waren, Priesterdienste versahen und vor allem niedere Hofämter inne hatten", während den Äffchen – vermutlich Meerkatzen – naturgemäß nur die Aufgabe zufiel, „durch ihre Possierlichkeit den Herrn zu erheitern. In dieser Rolle sehen wir sie neben den ersten Tänzerinnen des AR oder auch allein ihre drolligen Sprungkünste ausüben."[19] Brunner-Traut macht zwar keinen Unterschied bei ihrer Interpretation der in den Tanzszenen auftauchenden Zwerge und Meerkatzen, dafür unterscheidet sie aber ganz klar die Meerkatzen von den Pavianen: „Der Pavian galt als heiliges Tier, er begrüßte die Sonne bei ihrem Aufgang, sang, jauchzte und machte einen *jb3*-Tanz".[20]

Der „*dng*-Rassenzwerg aus Äthiopien" und der „Ersatz-*dng*", der „*nmw*-Zwerg, eine pathologische, brachymele Gestalt des eigenen Landes", waren Gottestänzer, über die Brunner-Traut meint: „Der von Kultur getragene Ägypter benahm sich würdig. Das ekstatische spontane Tanzen überließ er den fremden Nachbarn und ergötzte sich im Bewusstsein ihrer minderwertigen Eigenheit an deren leidenschaftlichen, zügellosen Ausbrüchen. Ein derart unzivilisiertes Tollen mag sich in den ‚Gottestänzen' der vom Ausland geholten *dng*-Zwerge – und ihrer Ersatzleute, der einheimischen pathologischen *nmw* – verbergen".[21]

Es ist ziemlich unvorstellbar, dass Brunner-Traut mit ihrer Interpretation der tanzenden Zwerge als eine Art Lachnummer richtig liegt, denn der König selbst gab sich, um ins Jenseits zu gelangen, als *dng* aus, wie es in den Pyramidensprüchen überliefert ist (Pyr. 1189). Sie selbst liefert mit dem Hinweis auf den Tänzer Teos einen Beleg, der diese Ausführungen in Frage stellt. Teos war ein *nmw*-Zwerg, den sie als „pathologischen Sohn ägyptischer Eltern" bezeichnet. Aus der Inschrift seines Sarges (Regierungszeit Nektanebos' II.) geht hervor, dass er „in Athribis am Bestattungstage des Apis und in Heliopolis am Tage der Beisetzung des Mnevis einen *hbj*-Tanz aufführte".[22] Und auch ihre Interpretation der drei Tanzzwerge aus Elfenbein als Spielzeug (aus dem Grab des Mädchens Hepi, Mittleres Reich, Lischt), ist nicht überzeugend.[23] In der Beschreibung zu dieser Elfenbeinarbeit im offiziellen Katalog des Kairoer Museums findet sich folgende Bemerkung: Es sei zu vermuten, „daß die Gruppe auch eine kultische Bedeutung und Funktion hatte. Der Tanz ist im alten Ägypten noch durchaus kultisch aufgefaßt, er dient der Erfreuung des Gottes bei seinem Fest. So mögen auch diese Tanzzwerge der jungen Hepi mitgegeben worden sein, damit sie im Jenseits durch ihre Tanzbewegung den Totengöttern dienen können".[24] Die Elfenbeinzwerge waren vermutlich kein Spielzeug, sondern ein Kultgerät.

---

[18] Brunner-Traut, Tanz, 28

[19] Brunner-Traut, Tanz, 33

[20] Brunner-Traut, Tanz, 33

[21] Brunner-Traut, Tanz, 81

[22] Brunner-Traut, Tanz, 36

[23] Brunner-Traut, Tanz, 35

[24] Die Hauptwerke im Ägyptischen Museum Kairo, 1986, 91

Zum Tanz der mww

Über die *mww* ist viel spekuliert worden. Meiner Meinung nach können die älteren Erklärungsversuche ignoriert werden zu Gunsten der Interpretation Hartwig Altenmüllers[25] und den ergänzenden Überlegungen von Greg Reeder.[26]

Die *mww* gehörten als Ritualfiguren mit zum Bestattungsritual. „Das besondere Kennzeichen der ‚*Muu* "‘, so Altenmüller, „ist ihr Kopfschmuck, der in alter Zeit aus pflanzlichem Material besteht und der teils als Kranz von um den Kopf gebundenen Papyrusstengeln, teils als Binsenkrone etwa in der Art des Mittelstücks der Atef-Krone gebildet ist".[27] Altenmüller interpretiert die *mww* als „Fährleute an den Grenzgewässern des Himmels" und schreibt zusammenfassend: „Die ‚*Muu*' des Bestattungsrituals haben die Aufgabe, den Transport der Mumie einzuleiten und dessen Durchführung zu überwachen. Sie werden als Grenzwächter an den Gewässern des Osthimmels mythologisiert und sind zugleich die Fährleute, die für die Überfahrt des Toten zum Osthorizont und in den Bereich des Sonnengottes sorgen. Als Gefolgsleute und Diener des Sonnengottes gelten die ‚*Muu*' im Mythos als Wesen, die einst selbst sterblich waren, aber durch ihren Tod in den Stand von ‚Geistern' (*3hw*), ja von ‚Göttern' (*ntrw*) erhoben worden sind. Sie sind die Toten, die den während des Bestattungsrituals herangeführten Neuverstorbenen in das Reich des Sonnengottes einholen. Die Tracht der ‚*Muu*' deutet ihre Funktion als Fährleute und Grenzwächter an. Wie die Bewohner der Sumpflandschaften sind sie mit den Kränzen aus Papyrusstauden geschmückt".[28]

Greg Reeder geht bei seiner Interpretation der *mww* einen Schritt weiter als Altenmüller. Er bemerkt, dass im Grab von Antefoker und Senet (TT 60) den *mww* ein Priester mit ausgestrecktem Arm - eine Beschwörungsgeste (s. Gardiner-Zeichenliste A26) - entgegen geht. Der Priester spricht die Worte: „Kommt, ihr *mww*". Auf diese Aufforderung hin, so Reeder, erscheinen die *mww* aus dem Jenseits. Und dieser Moment des Übergangs vom Jenseits ins Diesseits sei es, der in den Gräbern abgebildet ist. Die *mww* sind dabei mit einer typischen Handbewegung dargestellt: Sie strecken einen oder zwei Finger aus. Es handelt sich bei dieser Geste um eine Schutzhandlung. Die Finger werden gegen das, was gefährlich werden könnte, ausgestreckt. Diese Schutzgesten finden sich v.a. in Gräbern des Alten Reiches, speziell bei den Szenen, wo das Vieh durch eine Furt getrieben wird. Die Viehhirten sitzen in Papyrusbooten und richten ihre ausgestreckten Finger zum Schutz der Rinder in Richtung Wasser, von wo das Verderben in Form von Krokodilen oder Nilpferden herkommen könnte.

Es gibt meiner Meinung nach nur zwei Möglichkeiten, wie die in den Gräbern abgebildeten *mww* gedeutet werden können: Entweder handelt es sich um die direkte Abbildung und Beschreibung jenseitiger Wesen. Oder aber es handelt sich um Tänzer, in denen sich die *mww* manifestierten. Ich denke, letzteres ist der Fall. Die *mww* wurden bei der Bestattung

---

[25] Hartwig Altenmüller, Zur Frage der *MWW*, SAK 2, 1975

[26] Greg Reeder, The mysterious muu and the dance they do, KMT 6.3, 1995

[27] Altenmüller, *MWW*, 1

[28] Altenmüller, *MWW*, 36

herbeigerufen, so dass sie sich, ähnlich wie dies bei den oben beschriebenen tibetischen Tänzern der Cham-Mysterien geschieht, in den dazu ausgewählten, tanzenden Totenpriestern manifestieren konnten. Sie übernahmen als Grenzwächter und Fährleute den Transport des Verstorbenen vom Diesseits ins Jenseits. Reeder schreibt: „Like the herdsmen in their boats leading cattle through the water, the muu guide the deceased on the winding waterways to paradise".[29] Auf diese Weise bewirkten die sakralen Tänze also den sicheren Übergang des Verstorbenen ins ewige Leben.

Zur Kleidung, Gestik und Körperhaltung

Greg Reeders Überlegungen zu den *mww* zeigen deutlich, wie wichtig und sinnvoll es ist, mehr Aufmerksamkeit auf die Kleidung, die Gesten und die Körperhaltungen der abgebildeten Tänzerinnen und Tänzer zu legen.[30]

Ich denke, wir können sicher davon ausgehen, dass hinter den „Äußerlichkeiten" ein tieferer Sinn steckte, worauf z.b. auch Elisabeth Staehelin ganz klar hinweist: „Die Kleidung bedeutete ursprünglich weit mehr als nur ein Mittel, um sich gegen die Witterung zu schützen oder die Blöße zu bedecken. Es wohnte ihr magische Kraft inne, die auf den Träger übergehen musste. Das Gleiche trifft zu für die übrigen Gegenstände, die im weiteren Sinn zur Tracht gehören, also alle die Dinge, die der Mensch um und auf seinen Körper legt oder an sich hängt. Durch das Anziehen bestimmter Trachtstücke ließ sich einerseits die persönliche Macht steigern, andrerseits ließen sich dadurch üble, von außen kommende Kräfte abwehren".[31] Anders Emma Brunner-Traut, die lediglich meint: „die Kleidung der Tänzerinnen unterscheidet sich von der üblichen Frauentracht allgemein dadurch, daß sie das Bestreben hat, die Reize des Körpers zu betonen und außerdem ihn weniger zu verhüllen, um seine Bewegungen nicht zu hemmen".[32]

Ebenso wie die Kleidung haben auch Gestik und Körperhaltung im sakralen Tanz eine tiefere Bedeutung. Hinter jeder Geste verbirgt sich nicht nur eine bestimmte Symbolik, sondern auch ein direkter Bezug zur jenseitigen Welt. Eine Kulthandlung im Diesseits hatte Wirkung im Jenseits. In diesem Sinne ist innerhalb der sakralen Tänze auch die Körperhaltung der Tanzenden als Geste zu betrachten und ihre Bedeutung nicht zu unterschätzen. Grundsätzlich können drei Körperachsen unterschieden werden, die sich im Körperzentrum schneiden: die senkrechte Achse durch den Körper, die waagrechte Achse von links nach rechts und die waagrechte Achse von hinten nach vorne. Die Ruander, so berichtet der Anthropologe Edouard Gasarabwe-Laroche, unterscheiden diese drei Körperachsen, die sich im Körperzentrum (dem Nabel) schneiden, wie folgt: „Die senkrechte Achse entspricht der Weltachse, deren unteres Ende in die Erde dringt, von wo die todbringenden Kräfte aufsteigen, und deren oberes Ende den Himmel berührt, von wo die lebensspendenden Kräfte

---

[29] Der Artikel von Greg Reeder mit Abbildungen vieler mww-Szenen findet sich im Internet unter der URL: http://www.egyptology.com/reeder/muu/

[30] Einen Einstieg dazu bietet Richard H. Wilkinson, Symbol and Magic in Egyptian Art, 1994.

[31] Elisabeth Staehelin, Untersuchungen zur ägyptischen Tracht im Alten Reich, 1966, 1

[32] Brunner-Traut, Tanz, 15

herabströmen. Das ist die Achse von Leben und Tod".[33] Gasarabwe-Laroche beschreibt wie die Ruander die Enden dieser Körperachsen gedanklich miteinander verbinden, so dass ein räumliches Gebilde entsteht, in dem sie drei Bewegungsebenen unterscheiden. Auf der einen Ebene „sind nur Bewegungen nach rechts und links, senkrechte Sprünge und Drehungen des Körpers um sein ‚Lebenszentrum' herum möglich". Auf der zweiten Ebene bewegen sich die Tanzenden nur nach vorne und hinten, Arme und Beine können dabei gebogen, Hände und Füße vereinigt werden. Die dritte Achsenebene ist die liegende Ebene. „Sie ist die Ebene der gesellschaftlichen Beziehungen und der Verbindung zur Natur."

Im meditativen Tanz - eine moderne Art des sakralen Tanzes - zeigt sich, wie Körper, Raum und Zeit zusammenwirken: „Alle Räume, in denen wir uns bewegen, sind von drei Dimensionen bestimmt, nämlich oben – unten (Himmel – Erde), rechts – links und vorn – hinten (Weg, Richtung, Vergangenheit – Zukunft). Die gesamte Schöpfung bewegt sich in diesen Dimensionen. Außerdem hat jeder Raum, auch der menschliche Körper, einen zentralen Punkt, eine Mitte. Im Bewegungsraum einer Meditationstanzgruppe geht es um dieselben Dimensionen. Die Gruppe hat einen bestimmten Tanzraum, den sie ausdehnen und zusammenziehen, erweitern und abgrenzen kann. Der gewählte Raum, das heißt die Raumgestaltung, hat einen wesentlichen Einfluß auf den Meditationstanz. Gestaltet wird der Raum durch die Schritte der Tanzenden. Sie bahnen sich Wege durch den Raum, bilden Linien und formen bestimmte Figuren wie Kreis, Kreuz, Labyrinth oder Spirale. Die Formen, die die Tanzenden mit ihren Füßen, Körpern und Handhaltungen gestalten, stellen meist alte Symbole dar, deren Bedeutung während des Tanzes in die Meditation der Tanzenden einfließt".[34]

Tanz, Magie und der Rhythmus der Welt

Magisch wirksame Tänze gab es nach Emma Brunner-Traut nur in der Frühzeit Altägyptens. Von den jüngeren Tänzen ließen lediglich die Totentänze ihre Herkunft aus der Magie erkennen: „Ganz an die Begräbnisriten der heutigen Fellachen erinnert der lebhafte Tanz schreiender und lärmender Frauen, die, wohl wie noch heute berufsmäßig angestellt, sofort nach dem Tode eines Menschen und bei dessen Bestattung die dämonischen Geister von seiner Leiche zu verscheuchen hatten. Auch im Alten Ägypten werden sie bis zur Raserei getanzt und bis zum Versagen der Stimme geheult haben".[35] Diese Annahme ist zwar nahe liegend, erklärt aber nicht die Magie, die hinter diesen von ihr beschriebenen Tänzen bei Totenfeierlichkeiten zu vermuten ist.

Gerard van der Leeuw liefert dagegen einen Ansatz, der die zwingende Magie sakraler Tänze klar werden lässt. Er spricht von „Bewegungszauber": „Der Mensch entnimmt die Bewegung der ihn umgebenden Umwelt und zwingt sie dann der Welt in seiner eigenen Weise wieder auf." Als Beispiel dafür soll der Jagdtanz dienen: „Indem der Mensch die Tierbewegungen

---

[33] Edouard Gasarabwe-Laroche, Die Gebärdensprache Ruandas, in: Unesco-Kurier, Geheimnisvolle Harmonien. Rhythmen, Gebärden, Religionen, Heft 9, 25ff

[34] Marie-Luise Soltmann, Im Kreis um die kosmische Mitte. Meditatives Tanzen, 1989, 18f

[35] Brunner-Traut, Tanz, 61

tanzt, wird er des Tierrhythmus Herr. Er macht sich die Ordnung der Tiere untertan, er fügt die Macht der Tiere seiner eigenen hinzu. Er zwingt sie zu fliehen, damit sie in seine Falle oder in den Bereich seiner Waffen geraten, er läßt sie sich paaren, damit sie sich vermehren und ihm Haustiere oder Nahrung verschaffen." Und so wird auch der „große Gang von Tod und Leben im Tanz nachgeahmt und gesichert". Anders gesagt: „Der primitive Mensch ‚ertanzt' sich alles, von der Frau bis zum ewigen Leben, von der Jagdbeute bis zum Handelserfolg."[36]

Auch der ekstatische Tanz ist eine Form von „Bewegungszauber", aber, so van der Leeuw: „Hier beherrscht nicht der Mensch die Welt, indem er einen Rhythmus übernimmt, sondern indem er selbst vom Rhythmus ergriffen und beherrscht wird." Auch der ekstatische Tanz ist also ein Inbesitznehmen, aber auf eine andere Art und Weise – der Mensch wird getanzt: „Der Tanz bemächtigt sich aller Dinge, die er auf seinem Weg findet. So wird schließlich die Bewegung zur Allbewegung: alles dreht sich und kreist, alles hüpft und springt im Rhythmus des Weltalls".[37]

Schluss

Ich hoffe, dass einige meiner Überlegung zum Nachdenken über das Phänomen sakraler Tanz im Alten Ägypten anregen. Emma Brunner-Trauts Untersuchung soll als Grundlagenwerk nicht geschmälert, muss aber äußerst kritisch betrachtet werden und bedarf meiner Meinung nach einer grundsätzlichen Überarbeitung was das Wesen des altägyptischen Tanzes angeht. Zumal es bei ihrer Untersuchung nicht darum geht, einen Beitrag zum Verständnis des Tanzes, sondern zum Verständnis des Wesens des altägyptischen Volkes zu leisten, worauf sie im Vorwort ihrer Arbeit hinweist. Dieser Versuch ist meiner Meinung nach aber missglückt, denn jede ihrer evolutionistisch geprägten Interpretationen ist ein Zirkelschluss: Die frühzeitlichen Tänze waren magisch, so die Theorie, also muss die Gesellschaft primitiv gewesen sein. Die Tänze des Alten Reiches wirken streng und geordnet, also muss auch die Gesellschaft dieser Zeit streng organisiert gewesen sein usw.

Meiner Meinung nach trägt Emma Brunner-Traut mit ihrer Studie kaum etwas Neues zum Verständnis des Wesens der altägyptischen Gesellschaft oder zum Wesen des altägyptischen Tanzes bei. Wohl bemerkt: Es geht mir um das Wesen, um den tieferen Sinn, um den geistigen und spirituellen Hintergrund.

---

[36] van der Leeuw, Vom Heiligen in der Kunst, 27ff

[37] van der Leeuw, Vom Heiligen in der Kunst, 35ff